Les es. menacées

Textes d'Emmanuelle Grundmann
Illustré par Thérèse Bonté
et Laurent Audouin (couverture et page 1)

MILAN
jeunesse

Charte de l'environnement

Extrait

Chacun a le droit de vivre dans un environnement équilibré et respectueux de la santé. (Art. 1er.)

Toute personne a le droit de prendre part à la préservation et à l'amélioration de l'environnement. (Art. 2.)

Texte adopté par le Parlement réuni en Congrès, le 28 février 2005.

SOMMAIRE

Espèces menacées, la terre en danger !...... 3

Une espèce, c'est quoi ? 4
Un fragile équilibre 6
Histoire des espèces 8

Menacées par l'homme 10
La déforestation 12
Effet boule de neige 14
La chasse et la pêche 16
Espèces de trafic ! 18
Attention, aliens ! 20

Des espaces protégés 22
Au chevet des espèces 24
Lois et labels 26
Petit guide écocitoyen 28

Glossaire 30
Pour en savoir plus 31

Les mots signalés par un astérisque (*) à leur première utilisation sont expliqués dans le glossaire p. 30.

Espèces menacées : la Terre en danger !

Dans les magazines, les documentaires, à la radio, dans tous les médias, tu entends parler d'animaux ou de plantes menacés de disparition. Les dinosaures ont eux aussi disparu. La différence, c'est que ces grands reptiles ont été exterminés par une gigantesque météorite qui a modifié le climat de toute la Terre. Aujourd'hui, des espèces sont menacées, non pas par des phénomènes naturels, mais bel et bien à cause de l'homme.

L'espèce humaine a si bien su s'adapter sur Terre qu'elle occupe maintenant tous les milieux. Sa population ne cesse de croître et l'homme grignote et détériore de plus en plus les zones sauvages où vivent de nombreux animaux et plantes.

Toutes les espèces sont indispensables à l'équilibre de la planète et si l'une d'elles vient à disparaître, telle une réaction en chaîne, de nombreuses autres espèces deviennent menacées, mettant en péril la survie du milieu dans lequel elles vivent. Si rien ne change, l'homme va lui aussi devenir une espèce menacée… par sa propre faute.

Certains gouvernements ont compris qu'il était important de protéger la biodiversité et les écosystèmes. Des lois et des zones protégées sont peu à peu mises en place. Toi aussi, tu peux prendre soin des espèces qui vivent autour de toi et participer, grâce à des petits gestes faciles ou à des conseils à donner à ton entourage, à la protection de ton environnement.

Une espèce, c'est quoi ?

La vie est apparue dans les océans il y a environ 4 milliards d'années. Elle s'est ensuite répandue et diversifiée. Aujourd'hui, il existe entre 1,6 et 80 millions d'espèces animales et plus de 350 000 espèces de végétaux. Une espèce, c'est une communauté d'organismes qui partagent des caractéristiques morphologiques et surtout génétiques, et qui sont capables de se croiser. Les espèces sont partout autour de nous, l'homme est l'une d'entre elles.

Un casse-tête scientifique

Selon le pays et l'époque, une même espèce pouvait avoir des noms très différents. Ainsi, le chimpanzé s'est d'abord appelé satyre, engeco, puis quoja-morrou en Europe, kimpanzi en Afrique, un nom déformé en quimpézé par les Français. Pas facile de savoir de quel animal on parlait !

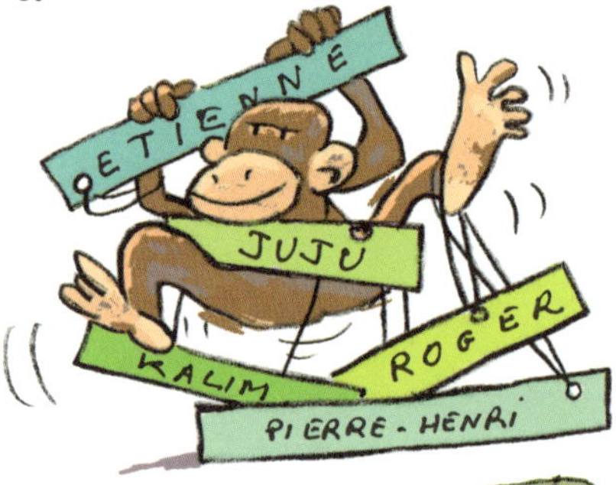

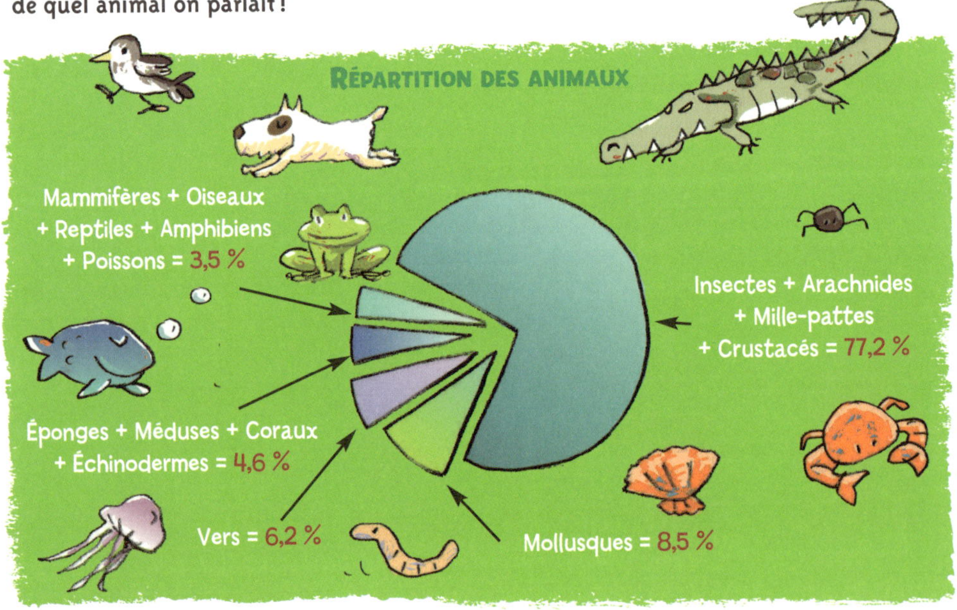

Répartition des animaux

- Mammifères + Oiseaux + Reptiles + Amphibiens + Poissons = 3,5 %
- Éponges + Méduses + Coraux + Échinodermes = 4,6 %
- Vers = 6,2 %
- Mollusques = 8,5 %
- Insectes + Arachnides + Mille-pattes + Crustacés = 77,2 %

Un nom unique et universel

En 1735, le botaniste suédois Carl von Linné créa une classification universelle du monde vivant. Il a donné à chaque être vivant 2 noms en latin, langue comprise par tous à l'époque.

Les noms latins à la loupe

Les noms **latins** n'étaient pas donnés au hasard. Ainsi le nom de l'ours polaire (*Ursus maritimus*) **signifie** « ours marin » ou le nom du kiwi (*Apteryx australis*) **provient** d'aptère : « incapable de voler », caractéristique de ce drôle d'oiseau vivant en Nouvelle-Zélande.

Tes « espèces » croisées

HORIZONTAL

1. Grand prédateur des mers, on me chasse pour faire des soupes avec mes ailerons.
2. Je vis à Madagascar, et ressemble à un petit diable qui a inspiré les gremlins.
3. Disparu, je vivais à l'âge de glace et étais parfois chassé par les hommes.
4. Seul perroquet à ne pas voler, je vis en Nouvelle-Zélande.
5. Cousin de l'avant-dernier, je suis moins poilu et vis en Afrique et en Asie.

VERTICAL

1. Noir et blanc, j'adore le bambou.
2. De neige, noire ou tachetée, je suis très menacée.
3. À cornes, du Gabon ou aspic, ma morsure est souvent mortelle.
4. Si mon cousin migrateur a disparu, moi j'ai colonisé toutes les villes européennes et adore me percher sur les monuments.
5. J'aime l'eucalyptus et mon bébé grandit dans une poche qui s'ouvre vers l'arrière.
6. De couleur noire, mon bois est très recherché, ce qui cause ma disparition.
7. J'ai bien failli disparaître d'Europe et pourtant l'homme m'a domestiqué pour faire de mon descendant un de ses plus fidèles compagnons.

Réponses page 30.

Un fragile équilibre

Dans la nature, tous les êtres vivants habitant un même milieu sont liés entre eux et entretiennent des relations de plus ou moins bon voisinage. Ils forment un ensemble : l'écosystème. La richesse d'un écosystème se traduit par le nombre d'espèces différentes qui y vivent, c'est la biodiversité.

Mangeur, mangé…

Les êtres vivants **dépendent** étroitement les uns des autres. L'évolution* les a dotés de tenues de camouflage et de **capacités** diverses pour se cacher des prédateurs ou au contraire pour mieux capturer et manger de belles proies juteuses.

Adieu dodo, aepyornis et moa

Trop apprécié en ragoût par les hommes venus habiter l'île Maurice, le célèbre dodo (*Raphus cucullatus*) a **disparu** en 1681. D'autres poids lourds à plumes, comme l'aepyornis ou oiseau-éléphant de Madagascar ou encore le moa de Nouvelle-Zélande, ont également été **victimes** de l'appétit des hommes et de la dégradation de leur habitat.

Qui mange qui ?

1. Reconstitue la chaîne alimentaire de la savane.

Acacia — Lion — Herbe — Gazelle de Thomson — Girafe

La noix, l'agouti, l'orchidée

Le noyer du Brésil dépend de l'agouti, un rongeur capable d'ouvrir la coque coriace de ses fruits, pour la dispersion des graines puis la naissance d'un nouvel arbre. Mais sans une certaine espèce d'orchidée dans le voisinage de l'arbre, les abeilles ne peuvent se reproduire, et, sans abeilles, pas de pollinisation du noyer du Brésil et donc… pas de noix !

NÉS POUR COHABITER ET PARFOIS S'ENTRAIDER

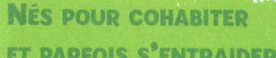

Coadaptation :
Quand le colibri butine le nectar, la fleur dépose du pollen sur son plumage afin qu'il pollinise la prochaine fleur de la même espèce à qui il rendra une visite gourmande.

Mutualisme :
Le poisson-clown fait le ménage et l'anémone en échange lui offre la protection de ses tentacules venimeux.

Symbiose :
Un champignon et une algue se sont associés et vivent ensemble formant un seul organisme.

Parasitisme
Le gui s'installe sur une branche et va pomper la sève fabriquée par l'arbre. Il se nourrit sans se fatiguer !

2. Pour cela, aide-toi d'encyclopédies sur les animaux et la nature pour savoir ce que chacun d'entre eux mange. Puis relie chacun des animaux avec une flèche à sa nourriture préférée. Chaque espèce doit être au moins une fois liée par une flèche à une autre espèce.

Guépard

Bousier

Vautour

Phacochère

En reconstituant ainsi la chaîne alimentaire d'un écosystème, tu peux déduire qui est le superprédateur dans ce milieu !

Réponses page 30.

Histoire des espèces

La Terre a connu 5 grands changements climatiques et catastrophes naturelles au cours desquels la plupart des animaux et plantes ont brusquement disparu. Parmi ces extinctions de masse, la plus célèbre concerne le groupe des dinosaures. Quelques uns ont survécu et ont donné naissance... aux oiseaux !

Le triste sort des dinosaures

Il y a 65 millions d'années, une énorme météorite est venue percuter la Terre. La puissance de l'impact était 5 milliards de fois plus forte que celle d'une bombe atomique ! Un énorme nuage de poussière a ensuite obscurci le ciel pendant plusieurs mois. Privées de soleil, les plantes sont mortes, puis les dinosaures herbivores qui n'avaient plus rien à manger et enfin les grands prédateurs, tyrannosaures et autres, ont disparu à leur tour.

La disparition des espèces

Météorites, éruptions volcaniques, refroidissement de l'atmosphère... tous ces événements peuvent entraîner la disparition d'espèces.
Si elles ne réussissent pas à survivre, c'est parce qu'elles ne peuvent pas s'adapter rapidement aux nouvelles conditions de l'environnement. Elles laissent alors la place à d'autres espèces plus robustes.

Survivants

Quelques espèces qui ont côtoyé les dinosaures ont survécu à toutes ces catastrophes et leurs descendants vivent à nos côtés : les tortues, les crocodiles et certains arbres comme le kahikatea de Nouvelle-Zélande.

La fin de l'âge de glace

Après les dinosaures, les mammifères ont régné sur Terre : tigre à dents de sabre, mammouth, rhinocéros laineux, mégacéros… La plupart de ces gros animaux ont disparu il y a seulement 10 000 ans à cause du réchauffement du climat et de l'homme, grand chasseur.

Des fossiles qui en disent long

Il existait au moins autant d'espèces au Mésozoïque qu'aujourd'hui. Elles ont presque toutes disparu. On les connaît grâce aux fossiles.

Les grandes extinctions de masse

- 540 millions d'années
- 250 millions d'années
- 65 millions d'années

le temps des dinosaures — le temps des mammifères

Paléozoïque → Mésozoïque → Cénozoïque →

Extinctions de masse

Place les différentes extinctions d'espèces sur cette frise chronologique.

1. 440 millions d'années (disparition des trilobites et de nombreuses autres créatures marines).

2. 365 millions d'années (disparitions de certains mollusques et de poissons).

3. 250 millions d'années (la plus dévastatrice : disparition de 90 % des espèces, surtout des reptiles et des amphibiens).

4. 200 millions d'années (disparition d'organismes marins et de certains reptiles).

5. 65 millions d'années (disparition de 70 % des espèces dont tous les dinosaures, et les reptiles marins).

Il y a 10 000 ans, l'homme a commencé à jouer un rôle dans la disparition des espèces.

Menacées par l'homme

Depuis 4 siècles, plus de 400 espèces de mammifères et d'oiseaux ont disparu à cause de l'homme et certainement autant de plantes, d'insectes et de reptiles. Aujourd'hui, ce sont près de 6 000 espèces animales, 7 300 espèces d'arbres, sans compter les autres plantes, qui sont menacées de disparition à cause de la déforestation, du trafic, de la pollution, d'une pêche ou d'une chasse devenues trop intensives.

Trop de sacs plastique

Les sacs plastique finissent souvent dans les océans. Les tortues les confondent fréquemment avec leur repas de prédilection, les méduses, et s'étouffent en les avalant. Aujourd'hui, certains supermarchés ont décidé de ne distribuer que des sacs biodégradables !

Pour un vol d'hirondelles

Trop de pesticides* dans les champs tuent les insectes dont se nourrissent les hirondelles. Si l'on rajoute à cela la disparition des étables anciennes au profit de hangars froids et les dangers de la migration, le résultat est que les hirondelles ne sont plus aussi nombreuses, le printemps venu.

PALMARÈS DES ESPÈCES LES PLUS MENACÉES DE DISPARITION

Ours brun des Pyrénées — Esturgeon — Alligator de Chine — Ara de Lear — Ara de Spix — Rhinocéros de Sumatra — Dauphin du Yang-tsé-kiang — Wombat à narines poilues — Phoque moine de Méditerranée — Orang-outan de Sumatra

Fabrique un jeu des 7 familles

Fabrique, à l'aide de papier cartonné, de crayons de couleur et de ciseaux, un jeu des 7 familles des espèces menacées. Aide-toi de livres illustrés sur les animaux pour savoir exactement à quoi ils ressemblent.

Les oiseaux
(ara hyacinthe, condor de Californie, kakapo, ibis nippon, aigle harpie, hibou des marais)

Les primates
(orang-outan, gorille, bonobo, muriqui, tamarin-lion doré, aye-aye)

Les reptiles et les poissons
(tortue géante des Galápagos, gavial, iguane marin, hippocampe, requin blanc, varan de Komodo)

Les menaces
(pollution, déforestation, chasse, trafic, pêche, bio-invasions)

Les félins
(lynx ibérique, panthère des neiges, tigre de Sibérie, jaguar, guépard, lion d'Asie)

Les milieux menacés
(forêt tropicale, forêt boréale, récif corallien, marais, savane, banquise)

Les autres mammifères
(éléphant, rhinocéros noir, grand panda, lamantin, loutre de mer, bison d'Amérique)

Grâce à ce jeu, tu peux faire connaître à tes amis et ta famille quelles sont les espèces menacées.

La déforestation

Toutes les espèces sont liées à un milieu. Or, aujourd'hui, l'homme coupe les forêts pour le bois, il a besoin de plus en plus d'espace pour les cultures et l'élevage. À ce rythme, dans quelques décennies, la plupart des milieux naturels (forêts, marais, prairies, lacs, océans…) auront disparu ou seront trop abîmés pour abriter plantes et animaux.

Cherche forêt désespérément !

80 % des forêts de la planète ont été abattues ou terriblement **dégradées**, pour la plupart au cours de ces 30 dernières années. Le temps que tu lises cette phrase, l'équivalent de 4 terrains de football aura été **coupé**. Bientôt les dernières forêts vierges auront disparu si aucune politique de **préservation** n'est mise en place.

Huile de palme et soja

En Asie et au Brésil, de gigantesques plantations de palmiers à huile et de soja ont **remplacé** la forêt. L'huile de palme produite est très bon marché et elle s'**utilise** partout : dans les cosmétiques, les plats cuisinés ou le chocolat. Quant au soja, on en fait des galettes pour nourrir d'immenses troupeaux de bœufs en Amazonie.

Nettoyage d'un espace naturel

Avec l'aide d'un adulte et de copains, organise une journée nettoyage de la nature.

Il te faut :
- de grands sacs-poubelle
- des gants de jardin
- quelques copains

1. Décidez d'un lieu près de chez vous, une rivière, un bois, une plage que vous aimez mais où papiers, plastiques et autres détritus abondent.

Les forêts primaires

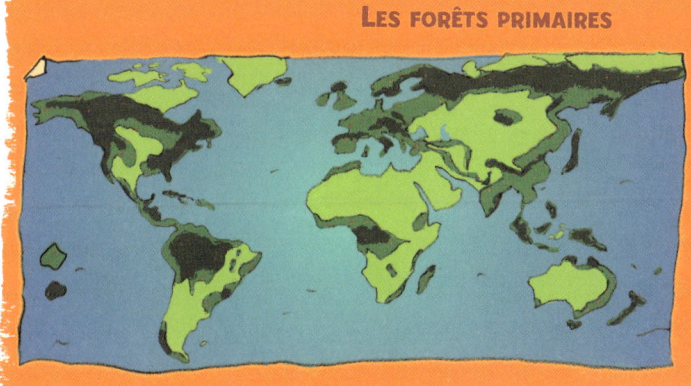

La superficie des forêts primaires a énormément diminué depuis 1 siècle, moment où l'homme a commencé à les exploiter de manière intensive et souvent abusive.

■ Il y a 100 ans.
■ Maintenant

Les gorilles et le portable

Dans une forêt d'Afrique centrale, au Kivu (République démocratique du Congo), se trouve un gisement de coltan, un minerai indispensable à la fabrication des consoles de jeux et des téléphones portables. Or c'est aussi là que vivent des gorilles. Aujourd'hui, la forêt est coupée et les gorilles chassés pour pouvoir accéder au précieux coltan.

2. En vous mettant ainsi à plusieurs, en quelques heures, vous aurez redonné vie à cet endroit, en l'ayant débarrassé des déchets qui le défiguraient. Prenez soin de trier les déchets et de faire des sacs réservés au papier, au plastique ou aux bouteilles de verre.

3. Ainsi, lorsque vous aurez terminé, vous pourrez aller les jeter dans les poubelles ou conteneurs appropriés (recyclage du papier, du plastique, du verre).

Effet boule de neige

Aujourd'hui, la moitié de la population habite dans des villes qu'il faut sans cesse agrandir en grignotant ce qui reste de nature. Ces citadins consomment de plus en plus, utilisent des voitures, polluent. Toutes ces activités humaines entraînent des bouleversements climatiques en chaîne qui mettent en péril la survie de nombreux espaces et espèces, parfois à des milliers de kilomètres de là.

Des villes tentaculaires

Aujourd'hui, 1/5 de la population vit en Chine, un pays qui connaît une véritable **explosion démographique**. Où trouver céréales, eau potable, pétrole, bois et autres matières premières pour subvenir aux besoins de ces hommes de plus en plus **citadins** ?

Un logo pour les animaux

IL TE FAUT :
- **du papier**
- **des feutres et des crayons de couleur**

1. Choisis un animal, un habitat que tu souhaiterais protéger et invente un logo accompagné d'une phrase qui servirait de slogan pour ta campagne de protection. Aide-toi de logos déjà existants comme ceux du WWF, de Greenpeace, du FNH...

2. Une fois prêt, présente-le à ta famille, à tes amis. Tu remarqueras que certains mots ou dessins sont plus convaincants que d'autres et aussi que le choix de l'animal ou du milieu n'est pas indifférent.

C'est ainsi que, pour protéger la forêt tropicale asiatique par exemple, on utilise l'orang-outan comme symbole plutôt qu'une fourmi ou une sangsue, bien moins sympathiques.

La banquise crie au secours !

Le réchauffement climatique par l'effet de serre* entraîne la fonte des glaciers et de la banquise. Les ours polaires ne peuvent plus chasser le phoque et crient famine. Du jamais vu au pôle Nord ! En plus, la hausse du niveau des mers met en péril de nombreux territoires et des îles.

Les crevettes et la mangrove

Pour construire de grands bassins destinés à l'élevage des crevettes, la moitié des mangroves du monde ont été arrachées, supprimant ainsi les barrières protectrices contre les tempêtes, les cyclones, les ouragans et les tsunamis.

QUELQUES CHIFFRES SUR L'ÉVOLUTION DE LA POPULATION DANS LE MONDE

Population mondiale :
- 6,4 milliards d'habitants aujourd'hui (2005)
- 2,5 milliards en 1950
- 500 millions en 1650

1650   1950   2005

Répartition de la population mondiale :

Pays industrialisés : 23 %

Pays pauvres et en voie de développement : 77 %

Part de la population vivant en zones urbaines :
- 1950 : 29 %
- 1990 : 43 %
- Aujourd'hui : environ 50 %

1950   1990   2005

La chasse et la pêche

Les hommes ont toujours chassé et pêché pour se nourrir. Mais la population a tellement augmenté que le nombre d'animaux sauvages ne suffit plus à alimenter tout le monde. L'élevage d'espèces domestiquées et l'aquaculture fournissent aujourd'hui à l'homme les protéines animales nécessaires, mais l'impact de ces activités gourmandes, notamment en espace et en pesticides, devient également une menace pour la survie de nombreuses espèces.

Une baleine dans l'assiette

Parce que la baleine était en train de disparaître, sa pêche a été **interdite** en 1982. Pourtant, le Japon, la Norvège et l'Islande, sous couvert d'études scientifiques, **continuent** de tuer les baleines.

Silence dans la forêt

Dans les villages des forêts d'Afrique centrale, la seule **viande** disponible est issue de la chasse d'animaux sauvages. Mais cette viande est devenue depuis peu à la **mode** dans les villes et se vend souvent très cher. Des braconniers pillent donc les forêts pour gagner de l'**argent**. Dans ces forêts qui se vident, le silence des animaux disparus se fait oppressant.

PLANÈTE AGRICULTURE

Plus de 38 % des terres sont aujourd'hui cultivées. Environ 360 millions de bovins et plus de 600 millions d'ovins et de caprins y sont élevés, sans compter les innombrables poissons et crustacés produits par une aquaculture de plus en plus importante. Cependant, malgré tout cela, plus de 840 millions de personnes souffrent toujours de malnutrition. Il ne faut pas non plus oublier que l'homme, afin d'augmenter le rendement des récoltes, utilise des pesticides et des nitrates, substances qui, une fois rejetées dans les rivières et les nappes phréatiques provoquent de graves problèmes de pollution.

Pas de pitié pour les thons

En boîte ou en sushi, le thon est à la mode dans les restaurants et les assiettes des **pays riches**. Certains morceaux atteignent près de 200 euros le kilo. Pas étonnant alors que des pêches pirates aient lieu, mettant en **péril** les populations de thons déjà bien malmenées par notre appétit.

Mène l'enquête chez le poissonnier

Il te faut :
- 1 carnet
- 1 stylo

1. Prépare les questions que tu vas poser au poissonnier chez qui tes parents vont faire leurs courses.

- Quels sont les noms des différents poissons, coquillages, crustacés proposés à la vente ?
- De quelle mer/rivière viennent-ils ?
- Sont-ils sauvages ou d'élevage ?
- Sont-ils très abondants dans la nature ?
- Où vivent-ils exactement (sur le sable, en pleine mer, en bancs comme les sardines) ?

2. Puis demande au poissonnier comment ils sont pêchés (à la ligne, dans des filets dérivants, avec des nasses...).

3. Fais une liste des différentes espèces en notant leur provenance, la façon dont elles sont pêchées, leur abondance.

En comparant les poissons, les crustacés et les coquillages entre eux, essaye de déterminer quels sont ceux qui risquent d'être bientôt menacés si on en mange trop.

Espèces de trafic !

Cornes de rhinocéros, ivoire d'éléphant, ou encore magnifique bois d'ébène et de moabi... Tous ces animaux et plantes souffrent d'un commerce illégal. Les acheteurs sont des collectionneurs d'espèces rares, des amateurs de manteaux de fourrure, des adeptes de la pharmacopée chinoise ou encore des entreprises peu regardantes sur l'origine des arbres qu'elles utilisent par exemple.

Ruses de trafiquants

Comment faire traverser les frontières aux espèces menacées, au nez et à la barbe des douaniers ? Certains fabriquent des poches ou tiroirs secrets dans leurs habits ou valises, d'autres paient pour que les autorités ferment les yeux... Tous les moyens sont bons !

Une pièce de théâtre

Mets en scène l'histoire suivante.

Scène 1 : les orangs-outans vivent tranquilles au milieu d'une belle forêt lorsque des braconniers arrivent, coupent les arbres, tirent sur la femelle orang-outan qui tient son petit âgé de 2 ans serré contre elle. Les braconniers récupèrent le bébé qu'ils vendront au marché du village.

Scène 2 : la forêt se vide, les arbres et les animaux disparaissent les uns après les autres.

Scène 3 : arrive un personnage qui aime cette forêt. Il découvre, horrifié, le drame. Il décide alors de se lancer à la poursuite des braconniers et de sauver les derniers grands singes roux.

Scène 4 : il capture un braconnier qu'il livre à la police et récupère le petit orang-outan orphelin. Il s'en occupe, replante des arbres.

Scène finale : des années ont passé, la forêt s'est repeuplée et les cris des animaux résonnent à nouveau dans le sous-bois. Les orangs-outans sont assis dans un manguier et se délectent de fruits juteux.

Orangs-outans clandestins

En Indonésie, les **bébés** orangs-outans sont arrachés à leurs mères, souvent tuées en défendant leurs petits. Puis ils sont **vendus** comme animaux de compagnie ou comme attraction pour les touristes. Ainsi, en Thaïlande, on a récemment découvert dans un zoo plus de 100 orangs-outans **clandestins**.

Confisqué
Plus de 570 articles dérivés d'espèces protégées et parfois des animaux vivants sont saisis par la douane anglaise chaque jour !

Le triste sort du tigre

En Chine, beaucoup de **médicaments** traditionnels sont fabriqués à partir d'animaux. Les os de tigre sont particulièrement recherchés, mais sont devenus rares et chers. Aussi, les **trafiquants** chinois s'attaquent-ils maintenant à la panthère des neiges dont la population a diminué de plus de 80 % en Asie centrale.

MODE ET TRAFIC

Au palmarès des ornements ou vêtements participant au trafic et à la disparition des animaux :
- Châles en shahtoosh (jusqu'à près de 12 000 euros pièce) faits avec le poil très soyeux de l'antilope tibétaine ou chiru (20 000 antilopes tuées par an).
- Au Canada, en Norvège et en Russie, on abat près de 300 000 bébés phoques chaque année pour faire des manteaux de fourrure blanche.
- L'ivoire des défenses d'éléphant utilisé pour fabriquer des objets décoratifs. En 1970, il y avait 2,5 millions d'éléphants d'Afrique ; aujourd'hui, il en reste environ 300 000.
- Écailles de carapace de tortue de mer utilisées pour fabriquer des accessoires de mode : peignes, lunettes, broches...

Attention aliens !

En 1950, le commerce international a commencé à s'amplifier. Plus de 100 millions de conteneurs circulent chaque année à travers la planète, transportant involontairement plantes, insectes et autres animaux envahisseurs qui, une fois arrivés à destination, viennent concurrencer les espèces endémiques*. D'autres espèces ont été introduites volontairement mais sont vite devenues incontrôlables comme les lapins en Australie ou la perche du Nil dans le lac Victoria !

Aliens en France

Chez nous, la petite **cistude** risque bien de disparaître face à sa féroce rivale, la **tortue de Floride**. Vendue dans les animaleries, cette dernière est relâchée ensuite dans la nature à la veille des vacances et devient trop envahissante.

La **caulerpe**, une algue verte échappée de l'aquarium tropical de Monaco, s'est répandue en Méditerranée et vole la place aux autres algues et aux herbiers de posidonies.

Pauvre kakapo

Le kakapo, ce drôle de perroquet qui ne vole pas et niche à même le sol, vivait tranquille sur de petites îles en Nouvelle-Zélande lorsque les Européens sont arrivés. Ils ont amené avec eux **rats et chats**, très friands d'œufs de kakapo. Aujourd'hui, ils ne sont plus que 87 survivants...

Faire attention aux NAC

Dans les animaleries, on propose de plus en plus d'espèces « exotiques » : caméléons, chiens de prairie, écureuils de Corée, singes, mygales... Mais il faut être vigilant car certaines espèces sont peut-être protégées et leur commerce interdit. De plus, si elles s'échappent du terrarium ou de leur cage, elles peuvent déséquilibrer les écosystèmes naturels en prenant la place des espèces sauvages de chez nous.

Une très mauvaise herbe

Originaire d'Amazonie, la **jacinthe d'eau** (*Eichhornia crassipes*) a été introduite partout dans le monde et a aujourd'hui envahi lacs, canaux et rivières. Elle recouvre la surface de l'eau et **asphyxie** les autres plantes et les animaux d'eau douce.

Un vrai fléau

La bio-invasion est la deuxième cause de disparition des espèces après la perte des habitats naturels.

Les « aliens » et les bio-invasions

Teste tes parents et tes amis sur leurs connaissances. Savent-ils d'où proviennent les plantes et les animaux qui ont été introduits en France ou en Europe ? Pour chaque question, propose plusieurs solutions (a, b, c). Attention, il peut y avoir plusieurs réponses.

1. La tomate est une plante originaire :
  a) des pays méditerranéens.
  b) d'Amérique du Sud.
  c) du Maroc.

2. Par quels moyens, les espèces « aliens » peuvent-elles envahir de nouveaux territoires ?
  a) En prenant l'avion.
  b) En prenant le bateau.
  c) En prenant le train.

3. La souris est un animal originaire :
  a) des forêts européennes.
  b) de la toundra islandaise.
  c) des steppes asiatiques.

4. La banane est originaire :
  a) d'Asie.
  b) d'Amérique du Sud.
  c) d'Afrique.

5. La poule est originaire :
  a) d'Europe.
  b) d'Afrique du Sud.
  c) d'Asie de l'Est.

6. Lorsque le rat débarqua en Nouvelle-Zélande, il :
  a) se fit des amis parmi les espèces endémiques.
  b) fut exterminé par le féroce perroquet kéa.
  c) mangea tous les œufs de kakapo.

Réponses page 30.

Des espaces protégés

Afin de préserver espèces et écosystèmes, des parcs, des réserves et autres aires protégées ont été créés à travers le monde. Aujourd'hui, 11,5 % de notre planète est classée en zone protégée. Cependant, si aux États-Unis ces lieux sont de véritables sanctuaires pour la faune et la flore, ailleurs ces lambeaux de territoire sont souvent des repaires pour les braconniers. En France, ce sont en priorité des paysages qui bénéficient d'une protection.

Les couloirs verts

La moitié des réserves ne dépassent pas les 100 km², autant dire un confetti à l'échelle de la planète ! C'est pourquoi on crée aujourd'hui des couloirs verts, bandes de végétation qui relient les petites zones entre elles. Les animaux peuvent aller de l'une à l'autre, transportant pollen et graines, et participent ainsi au brassage génétique.

Et les zoos ?

Les zoos ont été créés il y a plusieurs siècles pour montrer des collections d'animaux exotiques. Aujourd'hui, certains de ces établissements se soucient aussi de l'avenir des espèces menacées. Ils travaillent étroitement avec des scientifiques pour protéger des animaux dans leur milieu, pour faire reproduire des espèces en danger et éventuellement les réintroduire dans leur habitat d'origine. Mais les zoos sont avant tout des lieux pédagogiques où le visiteur apprend à connaître certaines espèces.

Patrimoine mondial

L'Unesco* a dressé une liste de lieux essentiels à protéger, inscrits au patrimoine mondial de l'humanité. Parmi ceux-ci figurent le parc national des Everglades aux États-Unis, le delta du Danube en Roumanie, le parc national du Serengeti en Tanzanie ou encore les îles Galápagos.

Des parcs, et ensuite ?

Il existe de très nombreuses réserves naturelles à travers la planète mais beaucoup ne sont que des parcs sur le **papier**. Les États n'ont pas les moyens d'employer des gardes pour **protéger** ces zones ni pour **sensibiliser** et aider les populations, souvent démunies, qui vivent aux alentours et dépendent des ressources du parc.

Le premier parc
Le premier parc national, Yellowstone, a été créé en 1872 par Ulysses Grant aux États-Unis.

idées de visite

1. Renseigne-toi auprès de l'office du tourisme de ta ville pour savoir s'il existe un zoo près de ton domicile.

Tu peux aussi aller sur le site www.parcs-naturels-régionaux.fr pour obtenir la liste des parcs naturels de ta région.

2. Tu peux demander à tes parents d'aller visiter pendant les vacances l'un des 7 parcs nationaux de France (www.parcsnationaux-fr.com).

Dans ces lieux aménagés, tu pourras voir de nombreuses espèces comme les bouquetins dans la Vanoise, de gros mérous si tu vas dans le parc marin de Port-Cros ou encore de magnifiques fleurs et des grenouilles tropicales dans le parc national de Guadeloupe.

Au chevet des espèces

Les scientifiques ont pour mission de mieux comprendre les animaux, les plantes et les autres organismes, et de les protéger. Cependant, préserver l'environnement coûte cher et les pays en voie de développement ne peuvent pas toujours payer. Il est donc normal que les pays riches, plus gros consommateurs et pollueurs de la planète, leur prêtent main-forte.

Sauver les espèces menacées

De nombreuses **associations** luttent pour la protection de la nature : elles font face aux marées noires, pistent et **démasquent** les réseaux de trafiquants d'espèces sauvages, aident les populations à vivre en harmonie avec certains animaux ou bien encore **participent** à la création de nouveaux parcs.

Ta réserve de faune en pâte à sel

IL TE FAUT :
- 2 verres de farine
- 1 verre de sel
- 1 verre d'eau tiède
- de la peinture (gouache)

1. Dans un saladier, mélange la farine et le sel, puis ajoute l'eau petit à petit, jusqu'à ce que tu obtiennes une boule de pâte pas trop collante pour que tu puisses ensuite bien la travailler.

La réintroduction

Grâce au travail des zoos, de scientifiques et d'associations, des **espèces**, comme le furet à pattes noires, le tamarin-lion doré, le vautour fauve ou l'oryx d'Arabie, ont pu être **réintroduites** dans leur milieu d'origine.

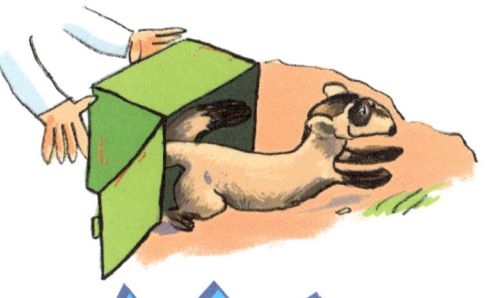

Primates orphelins
Il existe des orphelinats pour orangs-outans, chimpanzés, bonobos ou gorilles orphelins, victimes du braconnage et du trafic.

LE QUOTIDIEN D'UN PRIMATOLOGUE*

4 h 30 : le réveil sonne.
4 h 45 : on se dirige vers l'endroit où l'orang-outan a fait son nid la veille au soir.
5 h 30 : on arrive enfin sous le nid, l'orang-outan dort encore. On attend.
6 h 00 : il se réveille. Avec jumelles, papier et crayon, il faut tout observer : chaque geste, ce qu'il mange, comment il se déplace, quelles rencontres il fait et comment cela se passe... Parfois, l'orang-outan se déplace très vite et il faut courir pour le retrouver.
Dans l'après-midi, l'orang-outan fait souvent une sieste. Ouf ! On peut aussi un peu s'asseoir, se reposer et grignoter un petit en-cas.
18 h 30 : c'est l'heure de dormir, l'orang-outan fait son nid. On attend qu'il s'endorme pour rentrer au camp.
19 h 00 : douche, repas, travail sur l'ordinateur puis enfin on se couche.

2. En t'aidant de modèles dans des livres, sculpte ensuite des animaux, des arbres...

3. Demande à un adulte de les faire cuire dans un four à 100 °C pendant 3 à 4 heures.

4. Lorsque ton modèle est bien sec et refroidi, peins-le avec de la gouache.

Tu peux ainsi recréer la faune d'une réserve africaine (éléphants, zèbres, rhinocéros...), d'un milieu marin (baleines, tortues luth, poissons-perroquets...) ou de tout autre milieu.

Lois et labels

Pour lutter contre le trafic d'animaux et réglementer le commerce de certaines espèces, il existe des lois nationales et internationales. Sigles et labels permettent de mieux tracer l'origine de certains produits dérivés d'espèces végétales, comme le bois, ou bien certains fruits et graines utilisés dans la cosmétique ou l'alimentation.

ESPÈCES À PARFUMS ET MÉDICAMENTS

De nombreux produits sont issus de plantes et parfois d'animaux sauvages. Ainsi certaines plantes servent à fabriquer des médicaments contre le cancer comme la pervenche de Madagascar, ou contre le paludisme comme l'artémisine chinoise ou le quinquina. D'autres sont utilisées dans les cosmétiques tels l'aloès ou le karité. Dans la parfumerie, on utilise parfois de l'ambre gris, une substance excrétée par les cachalots. Heureusement, aujourd'hui, beaucoup de ces substances sont synthétisées artificiellement.

La liste rouge de l'UICN*

Elle est établie par des scientifiques qui dressent régulièrement un **état des lieux** des populations d'animaux et de plantes à travers la planète. Cet inventaire sert de **référence** pour mettre en place des mesures de protection pour les espèces les plus menacées de disparition.

La Cites

Appelée aussi **convention** de Washington, elle a été écrite en 1975. Depuis, elle est révisée tous les 2 à 4 ans. Les nombreux pays qui l'ont **adoptée** s'engagent à respecter des quotas ou des interdictions de commerce sur les espèces menacées.

FSC, qu'est-ce que c'est ?

Le label FSC a été créé par le Forest Stewardship Council, un **organisme** qui surveille l'industrie du bois. Ainsi en achetant du bois FSC, tu es **assuré** que le bois n'est pas issu du trafic illégal et qu'il ne provient pas de plantations faites sur des zones où la forêt tropicale a été coupée.

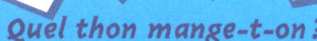

Quel thon mange-t-on ?
Il existe un logo pour le thon pêché avec des filets qui ne risquent pas de faire de mal aux dauphins.

Mène l'enquête

1. Dessine le tableau dans ton carnet. Puis, muni d'un stylo, fais l'inventaire dans chacune des pièces de ta maison et dans le jardin.

2. En regardant les objets fabriqués à partir de matières provenant de plantes ou d'animaux, et en interrogeant tes parents, remplis les trois premières colonnes du tableau.

Produit/Objet	Provenance	Matériaux utilisés	Menace ou pas ?
Sculpture en ivoire	Afrique	Ivoire d'éléphant	Oui : l'éléphant est une espèce protégée.
Sauce pour pizza	France	Tomate et huile de palme	Oui : l'huile de palme provient de grandes cultures résultant de la destruction de la forêt tropicale.
Table de jardin	Malaisie	Bois de teck	Non, car label FSC.

3. À l'aide de livres, regarde si les matériaux utilisés proviennent d'espèces menacées, protégées ou non. Et encourage tes parents à acheter des produits qui ne menacent pas les espèces protégées.

Petit guide écocitoyen

La protection des espèces est avant tout une affaire qui se traite au niveau des États, car seuls les gouvernements peuvent dicter des lois et les faire respecter. Mais il existe aussi des règles et conseils indispensables que chaque citoyen peut suivre pour vivre en harmonie avec son environnement naturel.

À faire
- Dans les zones protégées, reste bien sur les chemins et sentiers balisés.
- Reste discret et silencieux lorsque tu vois des animaux.
- Munis-toi de **jumelles** pour mieux observer à distance.
- Lorsque tu le peux, **aide** les animaux en leur apportant un peu de nourriture (attention, ne donne surtout pas de lait aux hérissons, ils peuvent en mourir, mais des aliments pour chats).
- Les hirondelles sont une **espèce protégée**. Demande à tes parents de fixer une petite planche sous leur nid, ainsi les crottes ne tomberont plus par terre ou sur la voiture !

À ne pas faire
- **Ne cueille pas** de fleurs, ne ramasse pas les coquillages vivant dans les zones protégées, certaines espèces étant très rares.
- **Ne ramasse pas**, ne perturbe pas un animal dans son nid ou sa tanière.
- **Ne dérange pas** des animaux en hibernation comme les chauves-souris.
- **Ne jette** ni papiers ni autres déchets non biodégradables dans la nature.
- **Demande** à tes parents de ne pas tailler les haies au printemps.

QUELQUES CONSEILS

Lorsque tu pars en promenade naturaliste, prends avec toi des guides d'identification pour apprendre à connaître les espèces que tu rencontreras. Porte des couleurs discrètes et surtout sois patient. La meilleure façon de voir des animaux, c'est de s'asseoir dans un petit coin, un peu caché, et d'attendre que l'animal vienne à toi.

Crée ta réserve de biodiversité

Sur ton balcon ou dans ton jardin, aménage un petit espace où tu laisses pousser des plantes sauvages. À la fin de l'été, tu peux récolter sur les chemins de campagne de nombreuses graines que tu planteras au printemps suivant (bleuets, coquelicots, cardères...) soit dans un pot, soit dans un coin de pelouse.
Si tu n'y touches pas, les fleurs se ressèmeront d'une année sur l'autre. Ce jardinet sauvage fera le bonheur d'un grand nombre d'espèces, insectes, oiseaux et petits mammifères.

Pour aider les petits oiseaux (rouge-gorge, mésange, sittelle...) à passer l'hiver, installe une mangeoire dans un arbre ou sur ta fenêtre avec des graines de tournesol et un peu de graisse végétale. Ils vont adorer et tu pourras aussi les observer tout au long de l'hiver.

Si tu as un jardin, garde un petit tas de bois pendant l'hiver auquel tu ne toucheras pas afin de permettre aux hérissons de s'y cacher pour hiberner.

Glossaire

Évolution : la transformation progressive d'une espèce aboutit, au fil du temps, à la constitution d'une nouvelle espèce, mieux adaptée à son environnement.

Effet de serre : réchauffement du climat avec concentration des rayons du soleil par l'accumulation dans l'atmosphère de gaz polluants produits par l'homme.

Espèce endémique : c'est une espèce qui vit dans une zone géographique très précise, assez restreinte, et nulle part ailleurs.

Pesticides : produits chimiques utilisés pour tuer les insectes, les végétaux et les champignons qui mangent et détruisent les cultures.

Primatologue : scientifique dont la spécialité est d'étudier les primates.

UICN : Union internationale pour la nature. C'est un réseau comprenant 82 pays, plus de 800 associations, 10 000 scientifiques de tous pays qui travaillent ensemble pour protéger la biodiversité et les paysages de la planète.

Unesco : Organisation des Nations unies pour l'éducation, la science et la culture. Née en 1945, cette agence intergouvernementale s'est donné pour objectif de construire la paix dans l'esprit des hommes à travers le respect, la solidarité et le dialogue.

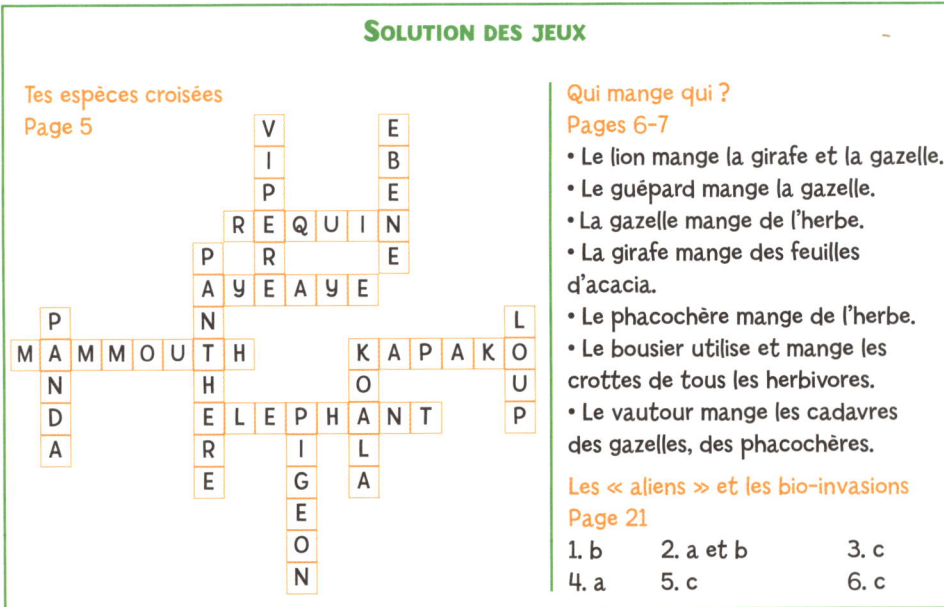

SOLUTION DES JEUX

Tes espèces croisées
Page 5

Qui mange qui ?
Pages 6-7
- Le lion mange la girafe et la gazelle.
- Le guépard mange la gazelle.
- La gazelle mange de l'herbe.
- La girafe mange des feuilles d'acacia.
- Le phacochère mange de l'herbe.
- Le bousier utilise et mange les crottes de tous les herbivores.
- Le vautour mange les cadavres des gazelles, des phacochères.

Les « aliens » et les bio-invasions
Page 21

1. b 2. a et b 3. c
4. a 5. c 6. c

Pour en savoir plus

À lire :

À nous la Terre de Françoise de Guibert et Rapahël Hadid, éditions Autrement.

La Nature et la Pollution de Brigitte Labbé et Michel Puech, éditions Milan.

Le Petit Atlas des espèces menacées, collectif, éditions Larousse.

Planète Attitude Junior, WWF, éditions du Seuil.

L'Écologuide de A à Z pour les juniors, Fondation Nicolas Hulot pour la nature et l'environnement, éditions du Cherche Midi.

L'Encyclopédie Milan des animaux d'Emmanuelle Grundmann, éditions Milan.

Le journal *La Hulotte* pour mieux comprendre la nature et la faune européenne.

Sur Internet :

http://defipourlaterre.org/juniors/

http://www.janegoodall.fr pour en savoir plus sur les grands singes, des espèces parmi les plus menacées de la planète.

http://panda-junior.com, le site du WWF pour les enfants.

Nos équipes ont vérifié le contenu des sites Internet mentionnés dans cet ouvrage au moment de sa réalisation et ne pourront être tenues pour responsables des changements de contenu intervenant après la parution du livre.

Dans la même collection

J'aime ma planète

L'air et sa pollution

L'alimentation

Le bruit

Les déchets

L'eau

L'énergie

Les espèces menacées

L'intérieur de ce livre est imprimé sur du papier
dont les conditions de fabrication contribuent à préserver l'environnement.

www.editionsmilan.com

© 2006 Éditions MILAN — 300, rue Léon-Joulin, 31101 Toulouse Cedex 9, France.
Droits de traduction et de reproduction réservés pour tous les pays.
Toute reproduction, même partielle, de cet ouvrage est interdite.
Une copie ou reproduction par quelque procédé que ce soit, photographie, microfilm,
bande magnétique, disque ou autre, constitue une contrefaçon passible des peines
prévues par la loi du 11 mars 1957 sur la protection des droits d'auteur.
Loi 49.956 du 16.07.1949
ISBN 10 : 2.7459.2162.2
ISBN 13 : 978.2.7459.2162.8
Dépôt légal : 4e trimestre 2006
Imprimé en France chez Fournié